NOVENA A

PADRE EUSTÁQUIO

Coleção **NOVENA**

• *Nossa Senhora de Guadalupe – novena*, Pe. Paulo H. Gozzi • *Novena do Espírito Santo – a cura do coração*, Pe. Haroldo J. Rahm e Maria J. R. Lamego • *Novena de São Francisco de Assis*, Pe. Gonçalo J. Domingos • *São Sebastião – novena*, A. Mamede Fernandes • *Novena de São João Batista*, Pe. José Pedro Batista • *Santo Expedito – novena*, Pe. Antônio Lúcio • *Sagrado Coração de Jesus – novena*, Pe. Antônio Lúcio • *São Judas Tadeu – novena*, Pe. Antônio Lúcio • *Santa Edwiges – novena*, Pe. Antônio Lúcio • *Novena ao Espírito Santo*, Equipe de Liturgia Diária • *Novena da saúde*, Pe. Cristovam Iubel • *Santa Rita de Cássia – novena e tríduo*, Pe. Antônio Lúcio • *Rezando com São José – novena e tríduo*, Pe. Antônio Lúcio • *Santa Teresinha do Menino Jesus – novena*, Pe. Antônio Lúcio • *Nossa Senhora das Graças (Medalha Milagrosa) – novena*, Pe. Antônio Lúcio • *Nossa Senhora do Carmo – novena*, Pe. Antônio Lúcio • *Novena a Frei Galvão*, Pe. Antônio Lúcio • *Nossa Senhora Auxiliadora – novena*, Pe. Antônio Lúcio • *Novena à Divina Misericórdia*, Pe. Antônio Lúcio • *Novena a São Benedito*, Pe. Antônio Lúcio • *Nossa Senhora do Perpétuo Socorro – novena*, Pe. Antônio Lúcio • *São Bento – novena*, Pe. Antônio Lúcio • *Nossa Senhora de Fátima*, Pe. Antônio Lúcio • *Santa Luzia – novena*, Pe. Antônio Lúcio • *Novena de Santa Clara*, A. Mamede Fernandes • *São Brás – novena*, Pe. Antônio Lúcio • *Ofício de Nossa Senhora*, Pe. Antônio Lúcio • *Novena de Jesus Bom Pastor*, Lusineide Cardoso de Melo • *Rezando com Santa Paulina*, João Ferreira dos Santos • *Santa Bárbara – novena*, Pe. Antônio Lúcio • *Rezando com São Camilo de Lélis*, João Ferreira dos Santos • *Novena a São Cristóvão*, Pe. Antônio Lúcio • *Rezando com Madre Teresa de Calcutá*, João Ferreira dos Santos • *Novena libertadora a Nossa Senhora desatadora de nós*, Claudiano Avelino dos Santos • *Novena a Padre Pio de Pietrelcina*, Claudiano Avelino dos Santos • *Novena a Padre Eustáquio*, Claudiano Avelino dos Santos • *Novena à bem-aventurada Albertina Berkenbrock*, Pe. Antônio Lúcio • *Novena à bem-aventurada Lindalva Justo de Oliveira*, Pe. Antônio Lúcio • *Novena aos mártires: Padre Manuel e coroinha Adílio*, Pe. Antônio Lúcio • *Novena a Santo Antônio de Categeró*, Pe. Antônio Lúcio • *São João Maria Vianney – novena*, Pe. Antônio Lúcio • *Novena ao Menino Jesus de Praga*, Pe. Antônio Lúcio • *Novena a São Jorge*, Pe. Antônio Lúcio • *Irmã Dulce – novena*, Pe. Alberto Montealegre • *Bem-aventurado João Paulo II – novena*, Pe. Antonio Lúcio

NOVENA A
PADRE EUSTÁQUIO

PAULUS

Textos bíblicos selecionados e adaptados
da *Bíblia Sagrada*, Edição Pastoral, 1990.

Editoração, impressão e acabamento
PAULUS

Coloca amor em tudo o que fazes
e alcançarás a realização dos desejos
mais profundos do teu coração.

1ª edição, 2006
1ª reimpressão, 2012

© PAULUS – 2006
Rua Francisco Cruz, 229
04117-091 • São Paulo (Brasil)
Fax (11) 5579-3627 • Tel. (11) 5087-3700
www.paulus.com.br • editorial@paulus.com.br

ISBN 978-85-349-2584-6

PADRE EUSTÁQUIO
30 de agosto

No dia 3 de novembro de 1890, na cidade holandesa de Aarle Rixtel, nasceu e foi batizado o menino Humberto Van Lieshout, que seria conhecido no serviço a Deus com o nome de Padre Eustáquio. Aos quinze anos de idade ingressou no Seminário Menor da Congregação dos Sagrados Corações (Cidade de Grave – Holanda), na qual emitiria votos perpétuos de castidade, pobreza e obediência aos 28 anos. Foi ordenado sacerdote no dia dez de agosto de 1919. Em sua pátria exerceu o ministério sacerdotal com muito zelo e dedicação como pregador de retiros, vigário paroquial, escritor e divulgador de escritos católicos.

Em 22 de maio de 1925, Padre Eustáquio e dois companheiros chegaram ao

Brasil para iniciar seu trabalho de dedicação aos pobres e aflitos, transmitindo a eles o amor de Jesus e de sua Mãe Santíssima. Estabeleceram-se na então cidade de Água Suja (hoje Romaria), atendendo também as cidades de São Miguel de Nova Ponte e Santana de Indianópolis, no Triângulo Mineiro. Aí foi vigário, pároco e reitor do Santuário Nossa Senhora da Abadia.

Em sua atividade apostólica, dedicou-se preferencialmente aos mais carentes, cuidando de sua alma e de seu corpo. Procurava aprender e ensinar a produzir remédios à base de plantas medicinais, bem como noções de boa alimentação. Não hesitava, em situações de emergência, em aplicar seus conhecimentos medicinais, acompanhados sempre de oração. Padre Eustáquio, por sua origem holandesa, não era bom orador, no entanto, seu exemplo e sua amabilidade, não obstante seu caráter forte, atraíam as pessoas.

Atendendo ao pedido do arcebispo de São Paulo, Dom José Gaspar, com sofrimento por parte dos fiéis do Santuário Nossa Senhora da Abadia, que não desejavam a transferência de tão zeloso pastor, em 1935, Padre Eustáquio assumiu a Paróquia Nossa Senhora de Lourdes, em Poá – SP. Nessa paróquia, a fim de divulgar a devoção a Nossa Senhora de Lourdes, fez uma gruta, onde depois depositou água trazida da gruta das aparições de Lourdes, na França. Essa água, e depois a água comum por ele abençoada, tornou-se meio eficaz de cura do corpo e da alma de muitos fiéis. Assim, dia a dia aumentava o número dos que recorriam ao local, e a fama de santidade e de poder de cura do Padre Eustáquio crescia cada vez mais. Pessoas vinham de longe, na esperança de que, por intermédio da oração desse "padre santo", pudessem alcançar uma graça, um milagre. A multidão era tão grande, que causava transtorno para a população local. Cresceu o comércio ambulante e pessoas mal-intencionadas aproveitavam a situação para furtar ou explorar os peregrinos.

Para cessar o fluxo de fiéis a Poá, Padre Eustáquio foi transferido de lá em 13 de maio de 1941 e proibido de pregar em público. Mesmo assim algumas pessoas o reconheciam quando andava pelas ruas da Vila Prudente, na cidade de São Paulo.

As multidões não deixavam de acompanhar Padre Eustáquio, conhecido também como "o santo de Poá". No Rio de Janeiro, por causa das multidões que atraía, foi expulso por ordem do cardeal-arcebispo. Passou algum tempo escondido em uma fazenda na cidade de Rio Claro – SP. Passou por Campinas – SP, onde logo os fiéis o descobriram. Assim, Padre Eustáquio passou um período difícil, pois seus superiores exigiam dele discrição e silêncio, de modo que evitasse que as multidões recorressem a ele em busca de milagres.

Depois de passar por algumas cidades e mesmo ter pensado em sair do Brasil, em 1942, foi para Belo Horizonte, onde assumiu a paróquia São Domingos, na Vila Celeste. Com muito zelo, dedicou-se ao atendimento de todos, de modo que passou a ser a pessoa mais famosa de Belo Horizonte. Era amado por pessoas de todas as condições sociais, ainda que se dedicasse com mais afinco aos pobres. Para surpresa de todos os seus amigos, faleceu às 10 horas e 45 minutos do dia 30 de agosto de 1943. Sua fama de santidade permaneceu e muitas pessoas declaram haver recebido graças por sua intercessão.

No dia 15 de junho de 2006 ele foi solenemente beatificado em cerimônia conduzida pelo Cardeal José Saraiva Martins, prefeito da Congregação para as Causas dos Santos, e pelo arcebispo de Belo Horizonte, Dom Walmor de Oliveira de Azevedo, na capital mineira, Belo Horizonte.

ANTES DE COMEÇAR A NOVENA, LEIA

Os santos podem nos ajudar?

Muitas pessoas perguntam se é certo ou não pedir ajuda aos santos, fazer promessas, novenas, pedidos. Em princípio, não há nada de errado em pedir a ajuda dos santos, pois cremos na ressurreição: eles estão junto de Deus, pois em sua vida na terra amaram a Deus e ao próximo, fizeram o bem. Podemos, sim, contar com a intercessão e o exemplo destes bem-aventurados.

Quanto ao fato de fazer promessas, é coisa boa, pois alimenta nossa esperança e nos aproxima de Deus. No entanto, não se deve fazer uma promessa como se fosse um contrato comercial, como que forçando Deus a fazer nossa vontade.

Quando fazemos uma promessa ou um pedido, devemos ter no coração a confiança de que Deus fará o melhor por nós, fará aquilo que vai nos ajudar a ser mais amorosos, misericordiosos. Nem sempre sabemos como pedir nem o que pedir, mas o Espírito de Deus vem em nosso auxílio. Assim, depois de cada pedido, devemos dizer, como Jesus: Pai, que se faça a tua vontade, e não a minha.

Como rezar a novena

Essa novena a Padre Eustáquio pode ser rezada individualmente ou em grupo. Se for em grupo, pode-se cantar um cântico no início e até substituir a leitura que aparece pelo Evangelho do dia. Se não tiver muito tempo, quem reza a novena sozinho pode rezar apenas o salmo e a oração, ou mesmo só a oração, por nove dias seguidos.

PRIMEIRO DIA

CURA-NOS, SENHOR!

Padre Eustáquio foi exemplo do amor e da misericórdia de Deus. Sejamos como ele e as bênçãos de Deus serão derramadas sobre nós.

(Cântico)

Em nome do Pai e do Filho e do Espírito Santo. Amém.

SALMO 23

O Senhor é o meu pastor. Nada me falta. Em verdes pastagens me faz repousar; para fontes tranqüilas me conduz, e restaura minhas forças. Ele me guia por bons caminhos, por causa do seu nome.

Embora eu caminhe por um vale tenebroso, nenhum mal temerei, pois junto a mim estás; teu bastão e teu cajado me deixam tranqüilo. Diante de mim preparas a mesa, à frente dos meus opressores; unges minha cabeça com óleo, e minha taça transborda. Sim, felicidade e amor me acompanham todos os dias da minha vida. Minha morada é a casa do Senhor, por dias sem fim.

Glória ao Pai e ao Filho e ao Espírito Santo, como era no princípio, agora e sempre. Amém.

ORAÇÃO DE LOUVOR

Deus Amigo, muito obrigado por tua presença em nossa vida, pelos amigos e amigas que temos, e porque mesmo quando sofremos e até quando somos abandonados, tu estás ao nosso lado, e não deixas de nos oferecer teu acalento. Muito obrigado, Senhor, pela vida, pelos exemplos e pela intercessão de Padre

Eustáquio, que percebia tua presença nos sofredores. Ajuda-nos a imitar o exemplo desse bem-aventurado homem. Amém.

Leitura bíblica (Mc 10,46-52)

"Chegaram a Jericó. Jesus saiu de Jericó, junto com seus discípulos e uma grande multidão. Na beira do caminho havia um cego que se chamava Bartimeu, o filho de Timeu; estava sentado, pedindo esmolas. Quando ouviu dizer que era Jesus Nazareno que estava passando, o cego começou a gritar: 'Jesus, filho de Davi, tem piedade de mim!'

Muitos o repreenderam e mandaram que ficasse quieto. Mas ele gritava mais ainda: 'Filho de Davi, tem piedade de mim!' Então Jesus parou e disse: 'Chamem o cego.' Eles chamaram o cego e disseram: 'Coragem, levante-se, porque Jesus está chamando você.' O cego largou o manto, deu um pulo e foi até Jesus. Então Jesus lhe perguntou: 'O que você quer que eu faça por você?' O cego respondeu: 'Mestre, eu quero ver de novo.' Jesus disse: 'Pode ir, a sua fé curou você.' No mesmo instante o cego começou a ver de novo e seguia Jesus pelo caminho."

PRECES

Ensina-nos, ó Senhor, a pedir o melhor para nós e para nossos irmãos:

Por intercessão de Padre Eustáquio, atende-nos, Senhor.

Cura, Senhor, nosso corpo e nossa alma.

Por intercessão de Padre Eustáquio, atende-nos, Senhor.

Livra-nos de todo mal e que nosso coração se abra para fazermos a tua vontade.

Por intercessão de Padre Eustáquio, atende-nos, Senhor.

ORAÇÃO

Ó Deus santo, que através do bem-aventurado Padre Eustáquio manifestaste tua benevolência para com os mais necessitados, tua generosidade para com os que nada tinham, teu conforto a todos os desvalidos, tua paz aos perturbados e teu alento aos sem esperança, derrama sobre nós a tua graça, para que tenhamos paz de espírito e aprendamos a amar a ti e ao nosso próximo com todas as nossas forças. Dá-nos, Pai misericordioso, a mesma fé que tinha Padre Eustáquio, para que, como ele, passemos nossa vida fazendo o bem, a exemplo de teu Filho Jesus. Senhor, sabes das nossas necessidades, por isso, pedimos confiantes que atendas o pedido que fazemos por intercessão do bem-aventurado Padre Eustáquio. Mas, Senhor, que antes se faça a tua vontade e não a nossa. Isso te pedimos em nome de Jesus, teu Filho e nosso irmão, que nos ama contigo e com o Espírito Santo. Amém.

Pai nosso que estais no céu, santificado seja o vosso nome, venha a nós o vosso reino, seja feita a vossa vontade assim na terra como no céu. O pão nosso de cada dia nos dai hoje, perdoai-nos as nossas ofensas, assim como nós perdoamos a quem nos tem ofendido e não nos deixeis cair em tentação, mas livrai-nos do mal. Amém.

Ave, Maria, cheia de graça, o Senhor é convosco, bendita sois vós entre as mulheres e bendito é o fruto do vosso ventre, Jesus. Santa Maria, Mãe de Deus, rogai por nós, pecadores, agora e na hora da nossa morte. Amém.

Glória ao Pai e ao Filho e ao Espírito Santo, como era no princípio, agora e sempre. Amém.

SEGUNDO DIA

DEUS NOS AMA!

A vida sem amor a Deus e ao próximo não vale a pena. Só quem ama encontra realização. No amor a Deus e aos irmãos, especialmente os mais sofridos, Padre Eustáquio encontrou sua realização, ainda que nem sempre fosse compreendido.

(Cântico)

Em nome do Pai e do Filho e do Espírito Santo. Amém.

HINO AO AMOR (1COR 13,1-8)

Ainda que eu falasse línguas, as dos homens e dos anjos, se eu não tivesse o amor, seria como sino ruidoso ou como címbalo estridente. Ainda que eu tivesse o dom da profecia, o conhecimento de todos os mistérios e de toda a ciência; ainda que eu tivesse toda a fé, a ponto de transportar montanhas, se não tivesse o amor, eu não seria nada. Ainda que eu distribuísse todos os meus bens aos famintos, ainda que entregasse o meu corpo às chamas, se não tivesse o amor, nada disso me adiantaria. O amor é paciente, o amor é prestativo; não é invejoso, não se ostenta, não se incha de orgulho. Nada faz de inconveniente, não procura seu próprio interesse, não se irrita, não guarda rancor. Não se alegra com a injustiça, mas se regozija com a verdade. Tudo desculpa, tudo crê, tudo espera, tudo suporta. O amor jamais passará.

Glória ao Pai e ao Filho e ao Espírito Santo, como era no princípio, agora e sempre. Amém.

ORAÇÃO DE LOUVOR

Bendito sejas, Senhor Deus e amigo, porque nos dás a possibilidade de melhorar um pouco a cada dia. Bendito sejas, Senhor, porque, nos ensinas a amar. Bendito sejas, Senhor, porque nos amas e na vida de Padre Eustáquio nos deste grande exemplo de amor a ti e ao próximo. Amém.

Leitura bíblica (Zc 7,8-14)

"A palavra de Javé foi dirigida a Zacarias nestes termos: 'Assim diz Javé dos exércitos: Façam julgamento verdadeiro, e cada qual trate com amor e compaixão o seu irmão. Não oprimam a viúva e o órfão, o estrangeiro e o pobre; e ninguém fique, em seu coração, tramando o mal contra o seu irmão'. Eles, porém, não quiseram prestar atenção, deram-me as costas e endureceram os ouvidos para não ouvir. Endureceram o coração para não ouvir a Lei e as palavras que Javé dos exércitos enviara pelo seu espírito por intermédio dos profetas antigos. Tudo isso fez com que Javé dos exércitos ficasse com grande ira e dissesse: 'Como eu chamei e eles não escutaram, agora também eles podem gritar que eu não escutarei. Eu os dispersei por todas as nações que não conheciam, e atrás deles a terra ficou vazia, sem transeunte. Eles transformaram num deserto essa terra deliciosa'."

PRECES

Muitas vezes erramos, e não fazemos o bem que deveríamos. Ajuda-nos, Senhor, a corrigir nossas faltas.

Por intercessão de Padre Eustáquio, atende-nos, Senhor.

Sem amor, nosso mundo não tem futuro. Aumenta em nós o teu amor.

Por intercessão de Padre Eustáquio, atende-nos, Senhor.

Que ao rezarmos esta novena, nosso coração se abra para fazermos a tua vontade.

Por intercessão de Padre Eustáquio, atende-nos, Senhor.

ORAÇÃO

Ó Deus santo, que através do bem-aventurado Padre Eustáquio manifestaste tua benevolência para com os mais necessitados, tua generosidade para com os que nada tinham, teu conforto a todos os desvalidos, tua paz aos perturbados e teu alento aos sem esperança, derrama sobre nós a tua graça, para que tenhamos paz de espírito e aprendamos a amar a ti e ao nosso próximo com todas as nossas forças. Dá-nos, Pai misericordioso, a mesma fé que tinha Padre Eustáquio, para que, como ele, passemos nossa vida fazendo o bem, a exemplo de teu Filho Jesus. Senhor, sabes das nossas necessidades, por isso, pedimos confiantes que atendas

o pedido que fazemos por intercessão do bem-aventurado Padre Eustáquio. Mas, Senhor, que antes se faça a tua vontade e não a nossa. Isso te pedimos em nome de Jesus, teu Filho e nosso irmão, que nos ama contigo e com o Espírito Santo. Amém.

(Pai-nosso, Ave-Maria, Glória.)

TERCEIRO DIA

MEU DEUS, NÃO FIQUES LONGE DE MIM!

(Cântico)

Em nome do Pai e do Filho e do Espírito Santo. Amém.

SALMO 38,2-3.7.12.22-23

Senhor, não me castigues com tua cólera, não me corrijas com teu furor. Em mim se cravaram tuas flechas, sobre mim se abateu a tua mão. Estou curvado e encolhido, ando triste o dia todo. Amigos e companheiros se afastam da minha praga, e vizinhos ficam à distância. Senhor, não me abandones! Meu Deus, não fiques longe de mim! Vem socorrer-me depressa, meu Senhor, minha salvação.

Glória ao Pai e ao Filho e ao Espírito Santo...

ORAÇÃO DE LOUVOR

Senhor Deus e Amigo, nós te agradecemos de todo o coração porque estás sempre ao nosso lado, não nos abandonas nunca. Estás conosco mesmo quando nossas forças parecem faltar. Mais ainda, Senhor, Tu és nossa força! Estás presente em nosso coração, nas pessoas e no mundo. Muito obrigado, Senhor, muito obrigado pela vida de Padre Eustáquio, que encontrou em ti força e esperança. Amém.

Leitura bíblica (Fl 4,10-14)

"Foi grande a minha alegria no Senhor, porque finalmente vi florescer de novo o interesse de vocês por mim. Na verdade, vocês já tinham esse interesse antes, mas faltava oportunidade para demonstrá-lo. Não digo isso por estar passando necessidade, pois aprendi a arranjar-me em qualquer situação. Aprendi a viver na necessidade e aprendi a viver na abundância; estou acostumado a toda e qualquer situação: viver saciado e passar fome, ter abundância e passar necessidade. Tudo posso naquele que me fortalece. Entretanto, vocês fizeram bem, tomando parte na minha aflição."

PRECES

Olha, ó Jesus, nossa situação de fraqueza, e dá-nos tua fortaleza.

Por intercessão de Padre Eustáquio, atende-nos, Senhor.

Ajuda-nos, ó Jesus, a confiar em ti em todas as situações de nossa vida.

Por intercessão de Padre Eustáquio, atende-nos, Senhor.

Que ao rezarmos esta novena, nosso coração se abra para fazermos a tua vontade.

Por intercessão de Padre Eustáquio, atende-nos, Senhor.

ORAÇÃO

Ó Deus santo, que através do bem-aventurado Padre Eustáquio manifestaste tua benevolência para com os mais necessitados, tua generosidade para com os que nada tinham, teu conforto a todos os desvalidos, tua paz aos perturbados e teu alento aos sem esperança, derrama sobre nós a tua graça, para que tenhamos paz de espírito e aprendamos a amar a ti e ao nosso próximo com todas as nossas forças. Dá-nos, Pai misericordioso, a mesma fé que tinha Padre Eustáquio, para que, como ele, passemos nossa vida fazendo o bem, a exemplo de teu Filho Jesus. Senhor, sabes das nossas necessidades, por isso, pedimos confiantes que atendas o pedido que fazemos por intercessão do bem-aventurado Padre Eustáquio. Mas, Senhor, que antes se faça a tua vontade e não a nossa. Isso te pedimos em nome de Jesus, teu Filho e nosso irmão, que nos ama contigo e com o Espírito Santo. Amém.

(Pai-nosso, Ave-Maria, Glória.)

QUARTO DIA

SENHOR, EU ME ABRIGO EM TI!

Deus nos criou para a felicidade. Mesmo assim a vida está cheia de dor e sofrimento. Sofremos sim, mas não somos abandonados. Em todos os momentos da vida Jesus oferece seu abraço dizendo: Venham até mim! Padre Eustáquio soube, nos momentos de aflição, encontrar em Jesus o seu refúgio.

(Cântico)

Em nome do Pai e do Filho e do Espírito Santo. Amém.

SALMO 57,2-4

Piedade, ó Deus, tem piedade de mim pois eu me abrigo em ti; eu me abrigo à sombra de tuas asas até que passe a desgraça. Eu clamo ao Deus Altíssimo, ao Deus que faz tudo por mim. Do céu ele me enviará a salvação, confundindo os que me atormentam. Deus enviará seu amor e sua fidelidade.

Glória ao Pai e ao Filho e ao Espírito Santo, como era no princípio, agora e sempre. Amém.

ORAÇÃO DE LOUVOR

Muito obrigado, Jesus, pela vida e pelos ensinamentos que nos dás a cada momento. Muito obrigado, Senhor, pelo exemplo de Padre Eustáquio, cuja vida nos ensina a perceber tua presença em tudo, mesmo nos sofrimentos. Muito obrigado, Senhor, porque podemos, nas horas mais difíceis, contar com tua presença amorosa. Amém.

Leitura bíblica (Mt 11,28-30)

"Venham para mim todos vocês que estão cansados de carregar o peso do seu fardo, e eu lhes darei descanso. Carreguem a minha carga e aprendam de mim, porque sou manso e humilde de coração, e vocês encontrarão descanso para suas vidas. Porque a minha carga é suave e o meu fardo é leve."

PRECES

Ajuda-nos a confiar em ti em todos os momentos da nossa vida!

Por intercessão de Padre Eustáquio, atende-nos, Senhor.

Não deixes que nos esqueçamos de ti nos momentos de alegria.

Por intercessão de Padre Eustáquio, atende-nos, Senhor.

Que ao rezarmos esta novena, nosso coração se abra para fazermos a tua vontade.

Por intercessão de Padre Eustáquio, atende-nos, Senhor.

ORAÇÃO

Ó Deus santo, que através do bem-aventurado Padre Eustáquio manifestaste tua benevolência para com os mais necessitados, tua generosidade para com os que nada tinham, teu conforto a todos os desvalidos, tua paz aos perturbados e teu alento aos sem esperança, derrama sobre nós a tua graça, para que tenhamos paz de espírito e aprendamos a amar a ti e ao nosso próximo com todas as nossas forças. Dá-nos, Pai misericordioso, a mesma fé que tinha Padre Eustáquio, para que, como ele, passemos nossa vida fazendo o bem, a exemplo de teu Filho Jesus. Senhor, sabes das nossas necessidades, por isso, pedimos confiantes que atendas o pedido que fazemos por intercessão do bem-aventurado Padre Eustáquio. Mas, Senhor, que antes se faça a tua vontade e não a nossa. Isso te pedimos em nome de Jesus, teu Filho e nosso irmão, que nos ama contigo e com o Espírito Santo. Amém.

(Pai-nosso, Ave-Maria, Glória.)

QUINTO DIA

SENHOR, QUERO VIVER A SANTIDADE!

Quem é santo? Nenhum de nós é santo por mérito próprio, mas nos santificamos à medida que seguimos o exemplo de vida de Jesus, que amou, perdoou, viveu a misericórdia, deu a vida por nós. Todos nós podemos ser santos como ele foi. Basta nos esforçarmos dia a dia para fazer o bem. E nesse esforço, não estamos sozinhos, pois Jesus caminha conosco.

(Cântico)

Em nome do Pai e do Filho e do Espírito Santo. Amém.

SALMO 119,10-20

Eu te busco de todo o coração, não me deixes afastar dos teus mandamentos. Conservei tuas promessas no meu coração, para não pecar contra ti. Sê bendito, Senhor! Ensina-me os teus estatutos. Com meus lábios eu enumero todas as normas de tua boca. Eu me alegro com o caminho dos teus testemunhos, mais do que com todas as riquezas. Vou meditar os teus preceitos e considerar os teus caminhos. Eu me delicio com a tua vontade e não me esqueço da tua palavra. Faze o bem ao teu servo, e eu viverei observando a tua palavra. Abre os meus olhos, para eu contemplar as maravilhas da tua vontade. Eu sou estrangeiro na terra, não escondas de mim os teus mandamentos. Minha alma se consome, desejando tuas normas todo o tempo.

Glória ao Pai e ao Filho e ao Espírito Santo, como era no princípio, agora e sempre. Amém.

ORAÇÃO DE LOUVOR

Muito obrigado, Senhor e amigo, porque tu és santo e porque tua santidade está em nós. Santidade, Senhor, significa felicidade verdadeira, que brota do coração. Muito obrigado, Senhor, porque tu nos ajudas a ser santos em nosso cotidiano, a espalhar felicidade e alegria nos ambientes em que vivemos. Obrigado, Senhor, porque nos enches de força para vivermos o amor, o perdão e a misericórdia, como Padre Eustáquio viveu. Amém.

Leitura bíblica (Mt 5,4-12)

"Felizes os aflitos, porque serão consolados. Felizes os mansos, porque possuirão a terra. Felizes os que têm fome e sede de justiça, porque serão saciados. Felizes os que são misericordiosos, porque encontrarão misericórdia. Felizes os puros de coração, porque verão a Deus. Felizes os que promovem a paz, porque serão chamados filhos de Deus. Felizes os que são perseguidos por causa da justiça, porque deles é o Reino do Céu. Felizes vocês, se forem insultados e perseguidos, e se disserem todo tipo de calúnia contra vocês, por causa de mim. Fiquem alegres e contentes, porque será grande para vocês a recompensa no céu. Do mesmo modo perseguiram os profetas que vieram antes de vocês."

PRECES

Dá-nos, ó Jesus, fome e sede de justiça.

Por intercessão de Padre Eustáquio, atende-nos, Senhor.

Dá-nos, ó Jesus, um coração puro.

Por intercessão de Padre Eustáquio, atende-nos, Senhor.

Que ao rezarmos esta novena, nosso coração se abra para fazermos a tua vontade.

Por intercessão de Padre Eustáquio, atende-nos, Senhor.

ORAÇÃO

Ó Deus santo, que através do bem-aventurado Padre Eustáquio manifestaste tua benevolência para com os mais necessitados, tua generosidade para com os que nada tinham, teu conforto a todos os desvalidos, tua paz aos perturbados e teu alento aos sem esperança, derrama sobre nós a tua graça, para que tenhamos paz de espírito e aprendamos a amar a ti e ao nosso próximo com todas as nossas forças. Dá-nos, Pai misericordioso, a mesma fé que tinha Padre Eustáquio, para que, como ele, passemos nossa vida fazendo o bem, a exemplo de teu Filho Jesus. Senhor, sabes das nossas necessidades, por isso, pedimos confiantes que atendas o pedido que fazemos por intercessão do bem-aventurado Padre Eustáquio. Mas, Senhor, que antes se faça a tua vontade e não a nossa. Isso te pedimos em nome de Jesus, teu Filho e nosso irmão, que nos ama contigo e com o Espírito Santo. Amém.

(Pai-nosso, Ave-Maria, Glória.)

SEXTO DIA

JESUS, FILHO DE DAVI, TEM PIEDADE DE NÓS!

Padre Eustáquio sabia que o único que nos pode salvar é Jesus. Por isso, valorizava a oração, louvando e rezando por todos, especialmente pelos mais fracos. Ele continua rezando conosco, pedindo a Jesus que nos fortaleça.

(Cântico)

Em nome do Pai e do Filho e do Espírito Santo. Amém.

SALMO 77

A Deus levanto minha voz e grito! A Deus ergo minha voz e ele me ouve! No dia da angústia eu procuro pelo Senhor. À noite estendo a mão, sem descanso, e minha alma recusa consolo. Lembro-me das proezas de Javé, recordo tuas maravilhas de outrora, medito tuas obras todas, e considero tuas façanhas. Ó Deus, o teu caminho é santo! Que Deus é grande como o nosso Deus? Tu és o Deus que opera maravilhas, mostrando às nações tua força. Com teu braço resgataste o teu povo, os filhos de Jacó e de José.

Glória ao Pai e ao Filho e ao Espírito Santo, como era no princípio, agora e sempre. Amém.

ORAÇÃO DE LOUVOR

Deus amigo, muito obrigado pela vida, pela esperança que pões em nossos corações. Muito obrigado por podermos perceber teu rosto em nossos irmãos. Somos gratos, Senhor Deus, porque nos deste a grande capacidade de fazer o bem ao próximo. Muito obrigado, Senhor, pelo exemplo e pela intercessão de Padre Eustáquio. Amém.

Leitura bíblica (Mt 9,27-30)

"Quando Jesus saiu dali, dois cegos o seguiram, gritando: 'Tem piedade de nós, filho de Davi.' Jesus chegou em casa, e os cegos se aproximaram dele. Então Jesus perguntou: 'Vocês acreditam que eu posso fazer isso?' Eles responderam: 'Sim, Senhor.' Então Jesus tocou os olhos deles, dizendo: 'Que aconteça conforme vocês acreditaram.' E os olhos deles se abriram. Então Jesus lhes ordenou: 'Tomem cuidado para que ninguém fique sabendo.' Mas eles saíram, e espalharam a notícia por toda aquela região."

PRECES

Ajuda-nos, ó Senhor, a reconhecer tua presença em todas as pessoas, principalmente nas que sofrem.

Por intercessão de Padre Eustáquio, atende-nos, Senhor.

Abençoa, ó Senhor, as pessoas que se dedicam aos mais pobres.

Por intercessão de Padre Eustáquio, atende-nos, Senhor.

Que ao rezarmos essa novena, nosso coração se abra para fazermos a tua vontade.

Por intercessão de Padre Eustáquio, atende-nos, Senhor.

ORAÇÃO

Ó Deus santo, que através do bem-aventurado Padre Eustáquio manifestaste tua benevolência para com os mais necessitados, tua generosidade para com os que nada tinham, teu conforto a todos os desvalidos, tua paz aos perturbados e teu alento aos sem esperança, derrama sobre nós a tua graça, para que tenhamos paz de espírito e aprendamos a amar a ti e ao nosso próximo com todas as nossas forças. Dá-nos, Pai misericordioso, a mesma fé que tinha Padre Eustáquio, para que, como ele, passemos nossa vida fazendo o bem, a exemplo de teu Filho Jesus. Senhor, sabes das nossas necessidades, por isso, pedimos confiantes que atendas o pedido que fazemos por intercessão do bem-aventurado Padre Eustáquio. Mas, Senhor, que antes se faça a tua vontade e não a nossa. Isso te pedimos em nome de Jesus, teu Filho e nosso irmão, que nos ama contigo e com o Espírito Santo. Amém.

(Pai-nosso, Ave-Maria, Glória.)

SÉTIMO DIA

SENHOR, ENSINA-NOS A REZAR!

Um dos muitos exemplos que podemos aprender da vida de Padre Eustáquio é a humildade. Diante das muitas pessoas que o procuravam, ele dizia que só queria ser conhecido como um frei que reza. Aprendamos, com ele, a rezar. Rezar aumenta nossa confiança em Deus.

(Cântico)

Em nome do Pai e do Filho e do Espírito Santo. Amém.

SALMO 57,2.12

Piedade, ó Deus, tem piedade de mim, pois eu me abrigo em ti; eu me abrigo à sombra de tuas asas, até que passe a desgraça. Eu clamo ao Deus Altíssimo, ao Deus que faz tudo por mim. Do céu ele me enviará a salvação, confundindo os que me atormentam! Deus enviará seu amor e sua fidelidade! Estou deitado no meio de leões que devoram os homens; seus dentes são lanças e flechas, sua língua é espada afiada. Eleva-te sobre o céu, ó Deus, e tua glória domine a terra inteira! Eles armaram uma rede para meus pés, e eu baixei a cabeça; cavaram na minha frente um buraco, e foram eles que nele caíram. Meu coração está firme, ó Deus, meu coração está firme. Vou cantar e tocar! Desperta, glória minha! Despertem, cítara e harpa, que eu vou despertar a aurora! Vou louvar-te entre os povos, Senhor, vou tocar para ti em meio às nações, pois o teu amor é maior do que o céu, e a tua fidelidade alcança as nuvens. Eleva-te sobre o céu, ó Deus, e tua glória domine a terra inteira!

Glória ao Pai e ao Filho e ao Espírito Santo, como era no princípio, agora e sempre. Amém.

ORAÇÃO DE LOUVOR

Senhor, eu te louvo porque podemos te encontrar através da oração. Obrigado, Senhor, porque nos amas. Tu és nosso pastor, e nos momentos de desânimo, solidão, desespero, podemos sentir teu amparo. Muito obrigado, Senhor, pelo exemplo de humildade de Padre Eustáquio. Ele sabia que o segredo da santidade está em te amar. Muito obrigado, Senhor, porque és nossa esperança. Amém.

Leitura bíblica (Jo 10,11-18)

"Eu sou o bom pastor. O bom pastor dá a vida por suas ovelhas. O mercenário, que não é pastor e a quem as ovelhas não pertencem, quando vê o lobo chegar, abandona as ovelhas e sai correndo.

Então o lobo ataca e dispersa as ovelhas. O mercenário foge porque trabalha só por dinheiro, e não se importa com as ovelhas. Eu sou o bom pastor: conheço minhas ovelhas, e elas me conhecem, assim como o Pai me conhece e eu conheço o Pai. Eu dou a vida pelas ovelhas. Tenho também outras ovelhas que não são deste curral. Também a elas eu devo conduzir; elas ouvirão a minha voz, e haverá um só rebanho e um só pastor. O Pai me ama, porque eu dou a minha vida para retomá-la de novo. Ninguém tira a minha vida; eu a dou livremente. Tenho poder de dar a vida e tenho poder de retomá-la. Esse é o mandamento que recebi do meu Pai."

PRECES

Jesus, bom Pastor, ajuda-nos a reconhecer a tua voz!

Por intercessão de Padre Eustáquio, atende-nos, Senhor.

Dá-nos ânimo, ó Senhor, para que não desanimemos diante das dificuldades da vida.

Por intercessão de Padre Eustáquio, atende-nos, Senhor.

Que ao rezarmos esta novena, nosso coração se abra para fazermos a tua vontade.

Por intercessão de Padre Eustáquio, atende-nos, Senhor.

ORAÇÃO

Ó Deus santo, que através do bem-aventurado Padre Eustáquio manifestaste tua benevolência para com os mais necessitados, tua generosidade para com os que nada tinham, teu conforto a todos os desvalidos, tua paz aos perturbados e teu alento aos sem esperança, derrama sobre nós a tua graça, para que tenhamos paz de espírito e aprendamos a amar a ti e ao nosso próximo com todas as nossas forças. Dá-nos, Pai misericordioso, a mesma fé que tinha Padre Eustáquio, para que, como ele, passemos nossa vida fazendo o bem, a exemplo de teu Filho Jesus. Senhor, sabes das nossas necessidades, por isso, pedimos confiantes que atendas o pedido que fazemos por intercessão do bem-aventurado Padre Eustáquio. Mas, Senhor, que antes se faça a tua vontade e não a nossa. Isso te pedimos em nome de Jesus, teu Filho e nosso irmão, que nos ama contigo e com o Espírito Santo. Amém.

(Pai-nosso, Ave-Maria, Glória.)

OITAVO DIA

PERDOA, SENHOR, NOSSOS PECADOS!

Sem Deus, é impossível fazer o bem. Somos limitados. Dependemos de Deus, e longe dele não podemos ser felizes. Peçamos a Deus perdão por esquecermos que ele é a fonte de nossa felicidade.

(Cântico)

Em nome do Pai e do Filho e do Espírito Santo. Amém.

SALMO 50,3-19

Tem piedade de mim, ó Deus, por teu amor! Por tua grande compaixão, apaga a minha culpa! Lava-me da minha injustiça e purifica-me do meu pecado! Porque eu reconheço a minha culpa, e o meu pecado está sempre na minha frente; pequei contra ti, somente contra ti, praticando o que é mau aos teus olhos. Tu és justo, portanto, ao falar, e, no julgamento, serás o inocente. Eis que eu nasci na culpa, e minha mãe já me concebeu pecador. Tu amas o coração sincero e, no íntimo, me ensinas a sabedoria. Purifica-me com o hissopo, e eu ficarei puro. Lava-me, e eu ficarei mais branco do que a neve.

Faze-me ouvir o júbilo e a alegria, e que se alegrem os ossos que esmagaste. Esconde dos meus pecados a tua face, e apaga toda a minha culpa. Deus, cria em mim um coração puro, e renova no meu peito um espírito firme. Não me rejeites para longe da tua face, não retires de mim teu santo espírito. Devolve-me o júbilo da tua salvação, e que um espírito generoso me sustente. Vou ensinar teus caminhos aos culpados, e os pecadores voltarão para ti. Livra-me do sangue, ó Deus; ó Deus, meu salvador! E a minha língua cantará a tua justiça. Senhor, abre os meus lábios, e minha boca anunciará o teu louvor. Pois tu não queres sacrifício, e nenhum holocausto te agrada. Meu sacrifício é um espírito contrito. Um coração contrito e esmagado tu não o desprezas.

Glória ao Pai e ao Filho e ao Espírito Santo, como era no princípio, agora e sempre. Amém.

ORAÇÃO DE LOUVOR

Bendito sejas tu, nosso Deus, pelo perdão que recebemos. Bendito sejas, nosso Deus, porque podemos perdoar àqueles que nos ofendem. Bendito sejas, Senhor, pelo Padre Eustáquio, que ajudou muita gente a se reconciliar contigo e com os irmãos. Ajuda-nos a ser sinais de reconciliação. Amém.

Leitura bíblica (Lc 11,1-4)

"Um dia, Jesus estava rezando em certo lugar. Quando terminou, um dos discípulos pediu: 'Senhor, ensina-nos a rezar, como também João ensinou os discípulos dele.' Jesus respondeu: 'Quando vocês rezarem, digam: Pai, santificado seja o teu nome. Venha o teu Reino. Dá-nos a cada dia o pão de amanhã, e perdoa-nos os nossos pecados, pois nós também perdoamos a todos aqueles que nos devem; e não nos deixes cair em tentação.'"

PRECES

Ajuda-nos, ó Senhor, a perdoar do fundo do coração.

Por intercessão de Padre Eustáquio, atende-nos, Senhor.

Que saibamos aceitar o perdão.

Por intercessão de Padre Eustáquio, atende-nos, Senhor.

Que ao rezarmos esta novena, nosso coração se abra para fazermos a tua vontade.

Por intercessão de Padre Eustáquio, atende-nos, Senhor.

ORAÇÃO

Ó Deus santo, que através do bem-aventurado Padre Eustáquio manifestaste tua benevolência para com os mais necessitados, tua generosidade para com os que nada tinham, teu conforto a todos os desvalidos, tua paz aos perturbados e teu alento aos sem esperança, derrama sobre nós a tua graça, para que tenhamos paz de espírito e aprendamos a amar a ti e ao nosso próximo com todas as nossas forças. Dá-nos, Pai misericordioso, a mesma fé que tinha Padre Eustáquio, para que, como ele, passemos nossa vida fazendo o bem, a exemplo de teu Filho Jesus. Senhor, sabes das nossas necessidades, por isso, pedimos confiantes que atendas

o pedido que fazemos por intercessão do bem-aventurado Padre Eustáquio. Mas, Senhor, que antes se faça a tua vontade e não a nossa. Isso te pedimos em nome de Jesus, teu Filho e nosso irmão, que nos ama contigo e com o Espírito Santo. Amém.

(Pai-nosso, Ave-Maria, Glória.)

NONO DIA

TOMAR A CRUZ DE CADA DIA

Como explicar o sofrimento e a dor que existem no mundo? Certamente nossas palavras não conseguem explicar, nossa razão não consegue entender. Só temos uma certeza: Deus nos ajuda a crescer, nos ensina em todas as situações, mesmo quando precisamos carregar a cruz. Foi assim com Padre Eustáquio. Por isso, pedimos a sua intercessão!

(Cântico)

Em nome do Pai e do Filho e do Espírito Santo. Amém.

SALMO 113

Aleluia! Louvem, servos do Senhor, louvem o nome do Senhor! Seja bendito o nome do Senhor, desde agora e para sempre. Do nascer do sol até o poente, louvado seja o nome do Senhor! O Senhor se eleva sobre todos os povos, sua glória está acima do céu! Quem é igual ao Senhor nosso Deus, que se eleva em seu trono, e se abaixa para olhar pelo céu e pela terra? Ele ergue da poeira o fraco e tira do lixo o indigente, fazendo-o sentar-se com os príncipes, ao lado dos príncipes do seu povo. Ele faz a estéril sentar-se em sua casa, como alegre mãe de filhos. Aleluia!

Glória ao Pai e ao Filho e ao Espírito Santo, como era no princípio, agora e sempre. Amém.

ORAÇÃO DE LOUVOR

Senhor Jesus, és nosso Senhor, mas também és nosso amigo. Por isso, nos aproximamos de ti, com toda a confiança, para que nos ajudes a carregar a nossa cruz. Tu sabes, Senhor, que não é fácil carregar a cruz. Somos tentados a desanimar, a desistir. Muito obrigado, Senhor, pois nos ajudas a seguir o teu exemplo. Obrigado, porque contigo temos a esperança firme de que depois da cruz vem a ressurreição. Obrigado, porque podemos, como Padre Eustáquio, ser sinal de esperança para muitas pessoas que carregam suas cruzes. Amém.

Leitura bíblica (Mc 8,34-38)

"Então Jesus chamou a multidão e os discípulos. E disse: 'Se alguém quer me seguir, renuncie a si mesmo, tome a sua cruz e me siga. Pois, quem quiser salvar a sua vida, vai perdê-la; mas, quem perde a sua vida por causa de mim e da Boa Notícia, vai salvá-la. Com efeito, que adianta ao homem ganhar o mundo inteiro, se perde a própria vida? Que é que um homem poderia dar em troca da própria vida? Se alguém se envergonhar de mim e das minhas palavras diante dessa geração adúltera e pecadora, também o Filho do Homem se envergonhará dele, quando vier na glória do seu Pai com seus santos anjos.'"

PRECES

Abençoa, ó Jesus, nossos familiares e nossos amigos.

Por intercessão de Padre Eustáquio, atende-nos, Senhor.

Ensina-nos, ó Jesus, a perceber tua presença em todos, sem discriminação ou preconceito.

Por intercessão de Padre Eustáquio, atende-nos, Senhor.

Que ao rezarmos esta novena, nosso coração se abra para fazermos a tua vontade.

Por intercessão de Padre Eustáquio, atende-nos, Senhor.

ORAÇÃO

Ó Deus santo, que através do bem-aventurado Padre Eustáquio manifestaste tua benevolência para com os mais necessitados, tua generosidade para com os que nada tinham, teu conforto a todos os desvalidos, tua paz aos perturbados e teu alento aos sem esperança, derrama sobre nós a tua graça, para que tenhamos paz de espírito e aprendamos a amar a ti e ao nosso próximo com todas as nossas forças. Dá-nos, Pai misericordioso, a mesma fé que tinha Padre Eustáquio, para que, como ele, passemos nossa vida fazendo o bem, a exemplo de teu Filho Jesus. Senhor, sabes das nossas necessidades, por isso, pedimos confiantes que atendas

o pedido que fazemos por intercessão do bem-aventurado Padre Eustáquio. Mas, Senhor, que antes se faça a tua vontade e não a nossa. Isso te pedimos em nome de Jesus, teu Filho e nosso irmão, que nos ama contigo e com o Espírito Santo. Amém.

(Pai-nosso, Ave-Maria, Glória.)

ÍNDICE

- 5   Padre Eustáquio
- 11   Antes de começar a novena, leia
- 13   Primeiro dia
  CURA-NOS, SENHOR!
- 19   Segundo dia
  DEUS NOS AMA!
- 25   Terceiro dia
  MEU DEUS, NÃO FIQUES LONGE DE MIM!
- 29   Quarto dia
  SENHOR, EU ME ABRIGO EM TI!
- 33   Quinto dia
  SENHOR, QUERO VIVER A SANTIDADE!

39	Sexto dia JESUS, FILHO DE DAVI, TEM PIEDADE DE NÓS!
45	Sétimo dia SENHOR, ENSINA-NOS A REZAR!
51	Oitavo dia PERDOA, SENHOR, NOSSOS PECADOS!
57	Nono dia TOMAR A CRUZ DE CADA DIA